LE

FLED

(Car Le Féminin n'est pas un gros mot)

Petit guide pour féminiser le français

Ingrid Loyau-Kennett

Published on Kindle by Amazon

1st Edition, 2020
ISBN: 9798708450777

Layout by Basil Baradaran: basil.baradaran@gmail.com
Inside Cover by Basil Baradaran © 2020
Interior Illustration by Pawony Baradaran & Basil Baradaran © 2020

Visit the author's website: **www.ingridlkennett.com**

CONTENU

Avant-Propos   03

Posologie   06

Grammaire

-   Règles de féminisation des noms   07

-   Règles de féminisation des adjectifs   10

Liste de tous les métiers, fonctions et autres   16

Index   56

AVANT-PROPOS

J'avais, il y a quelques temps maintenant, écrit à l'Académie Française pour obtenir un rendez-vous afin de soumettre l'idée de ce guide à leur approbation, car j'estime que seuls, les Académiciens (masculin: au sens premier de nom générique) ont le droit de modifier la langue française mais aussi le devoir de la préserver contre toutes attaques sous forme d'altérations, contre-emplois et ingérences de mots et grammaire venus d'une, ou plus, langue étrangère. Malheureusement, à l'exception d'une timide protestation en 1982 six mois après la sortie du slogan de la Sécurité, Sociale en mauvais français, protestation immédiatement réprimandée par le gouvernement de l'époque, l'Académie Française ne s'insurge jamais contre les dégradations que subit quotidiennement le français; en ce moment, ce sont les prépositions qui se font massacrer par les journalistes et présentateurs publiques sur les chaînes de tv et radio et autres médias. Seules des personnes non-académiciennes, écrivains ou autre, mais tous amoureux et respectueux de la langue française, ont trouvé nécessaire d'écrire des "Guides du Français Correct" à l'instar de Mrs Capelovici et Grevisse car jamais le français n'a été autant malmené.

Je respecte profondément l'Académie Française (qui ne m'a pas reçu, ni même répondu à ma lettre) mais je regrette son laxisme profond, qui ressemble à un désintérêt total pour la langue française, et laisse la porte ouverte à tous les détériorations et outrages sur cette belle langue que j'aime.

Quand l'idée de féminiser systématiquement tous les noms de métiers, titres, grades et positions a été proposé par le gouvernement en 1984, l'Académicien Jean Dutourd, que j'adore et admire, avait protesté, quelques temps plus tard, expliquant que le masculin n'est pas un genre mais un nom générique englobant males et femelles, que l'on ne doit pas donc systématiquement tout féminiser; que ceci est la position officielle de l'Académie Française. Moi, je veux bien mais cela fait plus de deux siècles, oui, deux cents ans qu'à l'école, on nous enseigne qu'il y a deux genres en français: le masculin (qui sert aussi pour les noms génériques) et le féminin. Et encore, je n'ai pas vu de manuel de français datant d'avant le 19ème siècle. Donc, si le masculin n'est pas un genre, l'Académie Française aurait dû corriger l'erreur depuis bien longtemps. Maintenant, il est trop tard.

Jusqu'à la Révolution, les métiers étaient organisés en corporation avec ses propres règles et un savoir qui se transmettait de génération en génération et on possédait ses outils. Donc, les enfants héritaient du métier, les filles comme les garçons. On était boucher, bijoutier ou meunier de père en fils ou fille, à condition bien sûr que l'effort physique soit possible à la fille (un métier était classé "métier pour homme" uniquement parce qu'une femme ne pouvait physiquement le pratiquer comme bûcheron). Il ya bien longtemps qu'il y a des boulangères, des blanchisseuses, des bergères, des forgeronnes ou vigneronnes. Il n'y a qu'à chanter les vieilles chansons françaises, aujourd'hui destinées aux enfants, pour s'en rendre compte. Certains de ses noms de métiers ou positions au féminin sont même devenus des noms de famille comme Mairesse.

"Quand une commission de terminologie établie par madame Yvette Roudy, ministre française des droits de la femme avait étudié la question de la féminisation entre 1984 et 1986, (qui malheureusement consistait en l'ajout malheureux d'un e au bout des mots à féminiser), l'Académie Française avait empêché l'adoption de ses recommandations", rapporte Wikipédia" mais sans apporter de solution à un problème qu'elle avait elle-même créé dès sa création en 1634 en imposant le masculin générique tout en faisant disparaître, autant qu'elle a pu, des manuels de langues la forme féminisé des métiers. Aujourd'hui, l'Académie Française appelle "tradition" cette évolution forcée du français et les mots deviennent de plus en plus épicènes. Mais la femme qui travaille n'est pas épicène et aucune tradition artificielle, du fait d'un seul corps et non de la population entière, ne peut la faire disparaître dans le giron masculin.

Aujourd'hui, premier quart du 21ème siècle, tous les interdits moraux et religieux sont levés. Hommes et femmes ont maintenant accès à tous les métiers, fonctions et activités. Il faut donc considérer tous les mots ayant trait à la personne humaine comme mascunilisables et féminisables d'une façon ou d'une autre, de préférence en accord avec la grammaire. Et si l'Académie Française tient à protester, qu'elle commence par faire respecter le français avant de s'attaquer à plus de la moitié de la population francophone.

Je terminerai en vous disant que l'idée qui m'a le plus soutenu dans l'écriture de ce guide est de faire disparaître pour toujours la féminisation hypocrite, celle qui consiste à faire fi de la grammaire et de simplement ajouter un E muet: auteur-auteure. "Y a un E, c'est féminisé mais surtout qu'on ne l'entende pas". Quelle horreur! Les noms en teur se féminisent en trice, c'est dans la grammaire, vous savez, cette chose très utile qui explique le pourquoi du comment, permettant ainsi de comprendre et donc de s'en rappeler plus facilement, et qu'un gouvernement a décidé d'alléger au maximum "pour ne pas traumatiser les enfants qui z'ont dit les messieurs". Pour moi, le traumatisme est, par exemple, de devoir apprendre par cœur la liste des mots qui prennent un accent circonflexe (ou pire, la suppression de l'accent) plutôt que de m'expliquer que l'accent remplace un S disparu dans certains mots d'une même famille: forêt-forestier; maître-masteriser etc…

Deux minutes d'explication et plus jamais de fautes, c'est quand même plus simple. C'est ce que ce guide vous offre.

Bonne féminisation!

Ingrid Loyau-Kennett

POSOLOGIE

Pour ceux que ces nouveaux sons écorchent l'oreille, je recommende le remède suivant:

Répétez le nouveau mot 10 fois; puis incorporez-le dans trois phrases différentes. A faire pendant 15 jours avant le petit déjeuner ou en famille durant le diner.

GRAMMAIRE

RÈGLES DE FÉMINISATION DES NOMS COMMUNS

Les Mots en... se féminisent en...

AIN → AINE *Ex: écrivain → écrivaine*
EXCEPTION: COPAIN → COPINE

É → ÉE *Ex: député → députée*

EUR → EUSE *Ex: parfumeur → parfumeuse*
EXCEPTIONS: CHASSEUR → CHASSERESSE;
VENGEUR → VENGERESSE;
ENCHANTEUR → ENCHANTERESSE;
AMBASSADEUR → AMBASSADRICE;
SAUVEUR → SALVATRICE

ER → ÈRE *Ex: boucher → bouchère*

EAU → ELLE *Ex: damoiseau → damoiselle*

IEN → IENNE *Ex: opticien → opticienne*

IF → IVE *Ex: sportif → sportive*

ON → ONNE *Ex: patron → patronne*

OUP → OUVE *Ex: loup → louve*

TEUR → TRICE *Ex: instituteur → institutrice*
EXCEPTION: CHANTEUR → CHANTEUSE (ADJECTIF)

TRE → TRESSE *Ex: traître → traîtresse*

Tous les mots se terminant par une consomne prennent un **E** sans le redoublement de la consomne

> *Ex: adjoint → adjointe; artisan → artisane*
> EXCEPTIONS: CHAT → CHATTE; CLEC → CLERC;
> CHEF → CHEF/CHEFTAINE;
> NEZ → NEZ; TSAR → TSARINE;

Participe présent **ANT → ANTE**
> *Ex: récitant récitante (réciter)*

En théorie, tous les noms se terminant par un **E** prennent le suffixe **ESSE**

> *Ex: comte → comtesse; duc → duchesse;*
> *vicaire → vicairesse; maire → mairesse;*
> *prince → princesse; abbé → abbesse; poète → poétesse;*
> *bougre → bougresse*
> EXCEPTION: LES MOTS FINISSANT EN **ISTE** ET **OGUE**

Disons que les positions et métiers anciens prennent ce suffixe puisque les mots existent déjà dans la langue; et que ceux occupés par des femmes depuis peu, càd la vaste
majorité d'entre eux, ne le prennent pas et deviennent donc épicènes.

> *Ex: photographe → photographe (photographesse?)*

Invariabilités

Tous les mots d'origine étrangère: (liste complète à la fin du guide)
> *Ex: babysitter; top model; manager; clown;*

Tous les mots finissant en **E, STE** et **GUE**;

Tous les ordres mineurs et majeurs de la hiérarchie catholique (qui ne sont pas épicènes)
> EXCEPTION: PAPE → PAPESSE;

enfant, escroc, médecin, paria, risque-tout, souffre-douleur, souillon, sous-fifre, star
vedette, vétéran, voyou, touche-à-tout et *travesti* (qui sont épicènes).

<u>Différents:</u>

fille → garçon	frère → soeur	homme → femme
neveu → nièce	monsieur → madame	moine →moniale
oncle → tante	roi → reine	

<u>Sans équivalent:</u>

altesse	bonne	bourreau
démon	fée	garçon de café/d'écurie
majordomme	nourrice	prostitué
robeuse	sage-femme	satyre
servant (different de)	servant	sirène
suffragette	témoin	travesti
valet		

<u>Particularités:</u>

Soprano, Alto, Ténor, Bariton et Basse.

Parce qu'en général, les sopranos et les altos sont des femmes et les ténors, baritons et basses des hommes, on a féminisé et masculinisé ces termes. Du coup, un homme qui chante alto ou soprano est appelé un contre-ténor et une femme qui chante ténor ou basse, une contre-alto. C'est une erreur. Ces mots réfèrent à la tessiture de la voix, au registre des notes chantées, pas au sexe du chanteur. Je suis une femme et ténor 2 (le plus grave). Vu le contexte, je préconise l'invariabilité pour ces cinq mots. A noter le mot "sopraniste" pour parler d'un castrat qui a une voix de soprano.

RÈGLES DE FÉMINISATION DES ADJECTIFS

La règle qui consiste à rajouter un E pour féminiser l'adjectif (ou le nom) est plutôt rare. D'abord, une grande partie des adjectifs se terminent déjà par un E. Ensuite, au mieux, la dernière consomne doit doublée; au pire, la moitié du mot change. Et bien sûr, le français ne saurait être lui-même sans quelques exceptions. Féminiser n'est pas si simple. Les règles suivantes doivent être utilisées pour une féminisation respectueuse de la grammaire française.

<u>Les adjectifs se terminant par</u>

UNE CONSOME: On ajoute un E, et parfois, on double la dernière consomne. Parfois, on ajoute une autre lettre. Ou on change le tout.

C **c → che:** *Ex: blanc → blanche ; sec → sèche*

  c → que: *Ex: franc (le peuple) → franque; turc → turque*

  c → cque: *Ex: grec → grecque;*
  EXCEPTION: PEC (RELATIF AU HARENG FRAÎCHEMENT SALÉ ET EN CAQUE)

D **d → de:** *Ex: grand → grande*

F **f → ève:** *Ex: bref → brève ; sauf → sauve*

G **g → gue:** *Ex: oblong → oblongue*

K Les noms qui s'écrivent avec un K dans leur langue d'origine perdent le K qui devient QUE quand adjectivés:
  Ex: Bolchevik → bolchévique

L **al → ale:** *Ex: matinal → matinale   exception: mal*

  el → elle: *Ex: naturel → naturelle; bel (beuu) → belle*

  eul → eule: *Ex: seul → seule*
  EXCEPTION: VEULE → VEULE

iel → ielle:	*Ex: officiel → officielle*
il → ille (L):	*Ex: subtil → subtile*
il → ille (J):	*Ex: gentil → gentille; pareil → pareille*
ol → olle:	*Ex: fol (fou) → folle; cévenol → cévenolle*
oul → oule:	*Ex: saoul/soûl→ saloule/soûle*
ul → ulle:	*Ex: nul → nulle*

N **SIMPLE N**

ain → aine:	*Ex: vilain → vilaine; forain → foraine*
an → ane:	*Ex: cyan → cyane; gallican → gallicane*
in → ine:	*Ex: câlin → câline*
in → igne:	*Ex: bénin → bégnine; malin → maligne*
ouin → ouine:	*Ex: bédouin → bédouine*
un → une:	*Ex: brun → brune*

DOUBLE N

ien → ienne: *Ex: ancien → ancienne*

EXCEPTION: BIEN

en → enne: *Ex: moyen → moyenne; achéen → achéenne*

on → onne: *Ex: fripon → friponne*
EXCEPTIONS: LAPON → LAPONE; NIPON → NIPONE/ NIPPONE

R **er → ère:** *Ex: léger → légère*

ier → ière: *Ex: fier → fière*

eur → euse: quand l'adjectif dérive d'un verbe (remplacer par le participe présent du dit verbe pour vérifier)
Ex: chasseur → chasseuse (chassé);
trompeur → trompeuse (trompé)

eur → eure: pour tous les autres
Ex: mineur → mineure

S
le

Il y a à peu près autant d'adjectifs qui doublent le S que pas. Tout dépend si son S ou Z doit être achevé:

Voyelle+s→ voyelle+s+e:

Ex: ras → rase; bas → basse; clos → close; gros → grosse; exprès → expresse; diffus → diffuse

EXCEPTIONS: **OUS → OUTE**; ABSOUS → ABSOUTE

DISSOUS → DISSOUTE

iers → ierce: *Ex: tiers → tierce*

T **at → ate:** *Ex: délicat → délicate*

et → ette: adjectif + suffixe ET: *Ex: gentillet (gentil) → gentillette*

et → ète: *Ex: secret → secrète*

EXCEPTIONS: NET→ NETTE

DOUILLET→ DOUILLETTE

êt → ête: *Ex: prêt → prête*

EXCEPTION: BENÊT →BENÊT

ot → otte adjectif + suffixe OT
Ex: vieillot → vieillotte (vieil), sot → sotte

ot → ote *Ex: loupiot → loupiote*

EXCEPTIONS: CHÉROT → CHÉROT ; CAPOT → CA-

POT

X **x → se:** *Ex: heureux → heureuse; jaloux → jalouse*

EXCEPTIONS: FAUX → FAUSSE; PRÉFIXE → PRÉ-

FIXE;

ROUSSE;

DOUX → DOUCE; ROUX→

VIEUX→ VIEILLE (1ER MASCULIN EST

VIEIL)

ET DÉCHAUX EST INVARIABLE.

A **a → asse:** *Ex: bêta → bêtasse*

EXCEPTION: GAGA → GAGA

E **aire, be, ble, ce, che, de, dire, ge, me, ne, pre, que, re, se, ste, te & ve** ayant déjà un **E**, n'en reprennent pas un deuxième:
Ex: rouge → rouge; jeune → jeune;
lisse → lisse; agraire → agraire

É **é → ée:** *Ex: dansé → dansée (danser); décédé → décédée*

I Participe passé: **i → ie** *ex: fini → finie (finir)*

Autres: **i → ite** *ex: favori → favorite*

oi → oite *Ex: coi → coite*

O **o→ ote:** *Ex: rigolo → rigolote*

EXCEPTION: AFRO→ AFRO

U **u → ue:** *Ex: igü → aigüe; bourru → bourrue; bu → bue (boire)*

EAU: eau → elle: *Ex: nouveau → nouvelle*

EU: eu → eue: *Ex: bleu → bleue*

EXCEPTION: HÉBREU → HÉBRAÏQUE

OU: ou → oue: *Ex: flou → floue*
[SE SOUVERNIR QUE LE 1ER MASCULIN DE "MOU" EST "MOL" ET DE "FOU" EST "FOL". DONC, LEUR FEMININ EST "MOLLE" ET "FOLLE"]

EXCEPTION: CHOU → CHOUTE

Y Ces adjectifs sont d'origine étrangères. Ils sont invariables:
Ex: sexy → sexy

Cas spécial:

"châtain" est invariable quand associé avec un autre mot:
une robe châtaine; une robe de couleur châtain; une robe châtain foncé

Invariabilités:

Les adjectifs issus d'un mot étranger:

cajun (vieux français);   carioca (brésilien);   chic (allemand);   cool (anglais)
fada (occitan);   glamour (anglais);   kaki (hindi);   lambda (grec)
plouc (breton);   punk (anglais);   sexy (anglais);   shocking (anglais)
slim (anglais);   snob (anglais);   vaudou (fon);   zen (japonais)

Noms propres ou communs utilisés comme adjectifs:

(car raccourcis de l'expression "couleur de....) des chaussures marrons = des
chaussures couleur de marron
> *ex: acajou; bronze; feu; Magenta; orange; suie*
> > EXCEPTION: VIOLET → VIOLETTE

Apocopes, syllabe redoublée:

baba (bé);   cucul (cul); gaga (gâteux);   jojo (joli);
plan-plan (ancien provençal plan);   raplapla (plat)
> > EXCEPTION: FOUFOU → FOFOLLE

Préfixes utilisés comme adjectifs:

> *ex: anti (contre); archi (le plus, maximum); ex (ancien); extra (plus);*
> *quiqua (quinquagénaire); super (extrêmement bien);*

<u>Apocopes, mots abrégés familiers ou dérogatifs:</u>

accro (accroché); bi (bisexuel);   bio (biologique); claustro (claustrophobique);
dingo (dingue); euro (européen, moins utilisé depuis l'apparition de l'Euro)
éco & écolo (écologiste);   extra (extraordinare); facho (fachiste);
folk & folklo (folklore);   furax (furieux);   hebdo (hebdomadaire);
hétéro (hétérosexuel);   homo (homosexuel);   macho (machiste);
mastoc (massif + suffixe d'augmentation "oc");   pédo (pédophile);
pop & populo (populaire);   psycho (psychopathe, fou);
ramollo (ramolli);   réac (réactionaire);   réglo (réglementaire);
rigolo (rigoler);   sélect (sélectif);   sensas (sensationel)

<u>Particule:</u>

elle reste invariable quand elle est précédée d'un nom
        ex: nu-pied → nu-tête; mi-mollet → mi-cuisse
                              EXCEPTION: NUE-PROPRIÉTÉ

A

ablégat→ pas encore de femme à cette position (ablégate)

abbé→ abbesse

acarologue → acarologue

accastilleur → accastilleuse

accessoiriste → accessoiriste

accompagnateur → accompagnatrice

accordeur → accordeuse

accordéoniste → accordéoniste

accoucheur → accoucheuse

accouveur → accouveuse

acheteur → acheteuse

acousticien → acousticienne

acrobate → acrobate (acrobatesse)

acteur → actrice

actuaire → actuaire

acupuncteur → acupunctrice

adaptateur → adaptatrice

adjoint → adjointe

administrateur → administratrice

admoniteur → admonitrice

affréteur → affréteuse

affûteur → affûtrice

agenceur → agenceuse

agent → agente

agriculteur → agricultrice

aide → aide

aide-soignant → aide-soignante

aiguilleur → aiguilleuse

aïeul → aïeule

ajusteur → ajustrice

allumettier → allumettière

altesse (uniquement féminin)

altiste → altiste

alto → alto

ambassadeur → ambassadrice

ambulancier → ambulancière

aménageur → aménageuse

analyste → analyste

anarchiste → anarchiste

anesthésiste → anesthésiste

anatomiste → anatomiste

animalier → animalière

animateur → animatrice

antenniste → antenniste

anthropologue → anthropologue

apiculteur → apicultrice

approvisionneur → approvisionneuse

aquaculteur → aquacultrice

arbitre → arbitre (techniquement, arbitresse)

arboriculteur → arboricultrice

arboriste → arboriste

archéologue → archéologue

archetier → archetier

architecte → architecte (techniquement, architectesse)

archiviste → archiviste

aristocrate → aristocrate (techniquement aristocratesse)

armateur → armatrice

armurier → armurière

arrangeur → arrangeuse

artificier → artificière

artisan → artisane

artiste → artiste

assistant → assistante

ascensoriste → ascensoriste

astrologue → astrologue

astronome → astronome

astrophysicien → astrophysicienne

attaché → attachée

aubergiste → aubergiste

auditeur → auditrice

audiologiste → audiologiste

auteur → autrice

automaticien → automaticienne

aviculteur → avicultrice

avitailleur → avitailleuse

avoué → avouée

avocat → avocate

B

bactériologiste → bactériologiste

bagagiste → bagagiste

bainiste → bainiste

balayeur → balayeuse

baluchonneur → baluchonneuse

bandit → bandite

barbier → barbière

bariton → bariton

baron → baronne

basse → basse

bassiste → bassiste

batelier → batelière

bâtisseur → bâtisseuse

bâtonnier → bâtonnière

berger → bergère

bibliothécaire → bibliothécaire

bijoutier → bijoutière

billetiste → billetiste

biochimiste → biochimiste

biologiste → biologiste

biographe → biographe (techniquement biographesse)

biomathématicien → biomathématicienne

bionaute → bionaute (techniquement bionautesse)

biophysicien → biophysicienne

blanchisseur → blanchisseuse

bobinier → bobinière

botaniste → botaniste

boucher → bouchère

bougre → bougresse

boulanger → boulangère

bouquiniste → bouquiniste

bourreau (uniquement masculin)

brancardier → brancardière

brasseur → brasseuse

brodeur → brodeuse

brocanteur → brocanteuse

bruiteur → bruiteuse

buraliste → buraliste

C

cadre → cadre

cadreur → cadreuse

caissier → caissière

calier → calière

calligraphe → calligraphe

cambiste → cambiste

cambrioleur → cambrioleuse

camionneur → camionneuse

canalisateur → canalisatrice

cancérologue → cancérologue

canneur → canneuse

cantateur → cantatrice

cantonnier → cantonnière

capitaine → capitaine (techniquement, capitainesse)

cardiologue → cardiologue

caricaturiste → caricaturiste

cariste → cariste

calorifugeur → calorifugeuse

carreleur → carreleuse

carrier → carrière

carrossier → carrossière

cartographe → cartographe

cavalier → cavalière

caviste → caviste

céramiste → céramiste

certificateur → certificatrice

chanteur → chanteuse

chapelier →chapelière

charcutier → charcutière

chargé → chargée

charpentier → charpentière

chasseur → chasseresse

chauffagiste → chauffagiste

chauffeur → chauffeuse

chausseur → chausseuse

chef → chef (techniquement, cheftaine) (sûrement pas chefFE)

chercheur → chercheuse

chevalier → chevalière

chimiste → chimiste

chirurgien → chirurgienne

chocolatier → chocolatière

chorégraphe → chorégraphe

choriste → choriste

chromiste → chromiste

cinéaste → cinéaste

ciseleur → ciseleuse

clarinettiste → clarinettiste

claveciniste → claveciniste

claviste → claviste

clerc de notaire → clerc de notaire

client → cliente

climatologue → climatologue

clown → clown

coffreur → coffreuse

coiffeur → coiffeuse

collaborateur → collaboratrice

compositeur → compositrice

confiseur → confiseuse

consul → consule

conteur → contrice

contorsionniste → contorsionniste

contrebandier → contrebandière

contremaître → contremaîtresse

copiste → copiste

corsetier → corsetière

cosmétologue → cosmétologue

costumier → costumière

courtier → courtière

couvreur-zingueur → couvreuse-zingueuse

cracheur de feu → cracheuse de feu

créateur → créatrice

crémier → crémière

crêpier → crêpière

criminologue → criminologue

critique → critique

croupier → croupière

cryptologue → cryptologue

cueilleur → cueilleuse

cultivateur → cultivatrice

cuisinier → cuisinière

cuisiniste → cuisiniste

D

dabiste → dabiste

dameur → dameuse

danseur → danseuse

débardeur → débardeuse

débosseleur → débosseleuse

décorateur → décoratrice

découpeur → découpeuse

délégué → déléguée

déménageur → déménageuse

démineur → démineuse

démographe → démographe

démolisseur → démoliseuse

dentelier → dentelière

dentiste → dentiste

déontologue → déontologue

député → députée

désosseur → désosseuse

dessinateur → dessinatrice

détaillant → détaillante

détective → détective

développeur → développeuse

dévisseur → dévisseuse

dialoguiste → dialoguiste

diététicien → diététicienne

dieu → déesse

diffuseur → diffuseuse

diplômate → diplômate (techniquement diplômatesse)

directeur → directrice

discothécaire → discothécaire

disquaire → disquaire

divisionnaire → divisionnaire (techniquement divisionairesse)

DJ → DJète

docteur → docteresse

documentaliste → documentaliste

domoticien → domoticienne

dompteur → domptrice

doreur → doreuse

douanier → douanière

dresseur → dresseuse

duc → duchesse

E

ébéniste → ébéniste

éboueur → éboueuse

écailler → écaillère

échafaudeur → échafaudeuse

éclairagiste → éclairagiste

éclusier → éclusière

éco-concepteur → éco-conceptrice

écologiste → écologiste

économe → économe

économiste → économiste

écotoxicologue → écotoxicologue

écrivain → écrivaine

éditeur → éditrice

éducateur → éducatrice

égoutier → égoutière

égyptologue → égyptologue

élagueur → élagueuse

électricien → électricienne

électromécanicien → électromécanicienne

électronicien → électronicienne

éleveur → éleveuse

emballeur → emballeuse

embaumeur → embaumeuse

empailleur → empailleuse

employé → employée

encadreur → encadreuse

encodeur → encodeuse

endocrinologue → endocrinologue

enlumineur → enlumineuse

enquêteur → enquêtrice

enseignant → enseignante

entraîneur → entraîneuse

entremetteur → entremetteuse

entremétier → entremétière

entreposeur → entreposeuse

entrepreneur → entrepreneuse

épicier → épicière

équilibriste → équilibriste

équipementier → équipementière

équipier → équipière

ergonome → ergonome

ergothérapeute → ergothérapeute

escaliéteur → escaliétrice

esclavagiste → esclavagiste

escroc (uniquement masculin)

espion → espionne

esthéticien → esthéticienne

estimateur → estimatrice

étalagiste → étalagiste

étancheur → étancheuse

ethnarque → ethnarque

ethnographe → ethnographe

éthologe → éthologe

ethnologue → ethnologue

éthologiste → éthologiste

évaluateur → évaluatrice

évangéliste → évangéliste

éventailliste → éventailliste

évêque → évêque (techniquement évêquesse église anglicane)

examinateur → examinatrice

exécutant → exécutante

expert → experte

exploitant → exploitante

explorateur → exploratrice

exterminateur → exterminatrice

F

fabricant → fabricante

façadier → façadière

facilitateur → facilitatrice

facteur → factrice

faussaire → faussaire

ferronnier → ferronière

ferrailleur → ferrailleuse

feuillagiste → feuillagiste

ferblantier → ferblantière

fermier → fermière

figurant → figurante

finisseur → finisseuse

fiscaliste → fiscaliste

fleuriste → fleuriste

flibustier → flibustière

floriculteur → floricultrice

flûtiste → flûtiste

fondeur → fondrice

fontainier → fontainière

forain → foraine

forestier → forestière

foreur → foreuse

forfaitiste → forfaitiste

forgeron → forgeronne

formateur → formatrice

fossaire → fossaire

fossoyeur → fossoyeuse

fournisseur → fournisseuse

fourreur → fourreuse

fraiseur → fraiseuse

frigoriste → frigoriste

fripier → fripière

fromager → fromagère

funambule → funambule

G

galéniste → galéniste

galérien → galérienne (si jamais une femme l'a été)

gantier → gantière

garagiste → garagiste

garde - garde (techniquement gardesse)

garde-champêtre → garde-champêtre

garde républicain → garde républicaine

gardien → gardienne

garnisseur → garnisseuse

gemmologue → gemmologue

gendarme → gendarme (techniquement gendarmesse)

généticien → généticienne

géographe → géographe

géologue → géologue

géomaticien → géomaticienne

géomètre → géométresse

gérant → gérante

gestionnaire → gestionnaire

glacier → glacière

glaciologue → glaciologue

goémonier → goémonière

gouvernant → gouvernante

gouverneur → gouverneuse

graphiste → graphiste

graveur → graveuse

gréeur → gréeuse

greffier → greffière

grimpeur → grimpeuse

grossiste → grossiste

grutier → grutière

guichetier → guichetière

guide → guide (techniquement guidesse)

guitariste → guitariste

gynécologue → gynécologue

H

habilleur → habilleuse

halieute → halieute (techniquement halieutesse)

harnacheur → harnacheuse

harpiste → harpiste

hématologue → hématologue

héraldiste → héraldiste

herboriste → herboriste

herpétologue → herpétologue

historien → historienne

homéopathe → homéopathe

horairiste → horairiste

horiculteur → horicultrice

horloger → hologère

horticulteur → horticultrice

hôte → hôtesse

hôtelier → hôtelière

huissier → huissière

humoriste → humoriste

hydraulicien → hydraulicienne

hydrobalnéologue → hydrobalnéologue

hydrobiologiste → hydrobiologiste

hydrogéologue → hydrogéologue

hydrologue → hydrologue

hydromodeleur → hydromodeleuse

hydrotechnicien → hydrotechnicienne

hygiéniste → hygiéniste

hypnotiste → hypnotiste

hypnothérapeute → hypnothérapeute (techniquement, hypnothérapeutesse)

I

ichtyologiste → ichtyologiste

iconographe → iconographe

illustrateur → illustratrice

imitateur → imitatrice

imprimeur → imprimeuse

immunologiste → immunologiste

infirmier → infirmière

infographiste → infographiste

informateur → informatrice

informaticien → informaticienne

ingénieur → ingénieuse

inhalothérapeute → inhalothérapeute

inséminateur → inséminatrice

inspecteur → inspectrice

instalateur → instalatrice

instititeur → institutrice

instructeur → instructrice

instrumentiste → instrumentiste

intégrateur → intégratrice

intendant → intendante

intercepteur → interceptrice

Interprète → interprète (techniquement interprètesse)

intervenant → intervenante

J

jardinier → jardinière

joaillier → joaillière

jongleur → jongleuse

joueur → joueuse

journaliste → journaliste

juge → juge (techniquement jugesse)

juriste → juriste

K

kinésithérapeute → kinésithérapeute

kiosquier → kiosquière

L

laborantin → laborantine

laitier → laitière

lapidaire → lapidaire

laqueur → laqueuse

laveur → laveuse

layetier → layetière

lecteur → lectrice

légat → pas encore de femme à cette position (légate)

lettreur → lettrice

libraire → libraire (techniquement librairesse)

lignard → lignarde

limonadier → limonadière

linguiste → linguiste

linotypiste → lincotypiste

lithographe → lithographe

litigeur → litigeuse

livreur → livreuse

lobbyiste → lobbyiste

logisticien → logisticienne

logopède → logopède (techniquement logopèdesse)

ludocaire → ludocaire

lunetier → lunetière

luthier → luthière

M

machiniste → machiniste

maçon → maçonne

magasinier → magasinière

magicien → magicienne

magistrat → magistrate

maïenticien → maïenticienne

maire → mairesse

maître → maîtresse

majordomme (uniquement masculin)

mammalogiste → mammalogiste

mandataire → mandataire

manicuriste → manicuriste

manipulateur → manipulatrice

manutentionnaire → manutentionnaire

maquereau → maquerelle

maquettiste → maquettiste

maquilleur → maquilleuse

maraîcher → maraîchère

marchand → marchande

marchandiseur → marchandiseuse

maréchal ferrant → maréchale ferrante

mareyeur → mareyeuse

margeur → margeuse

marin → marine

marinier → marinière

marionnettiste → marionnettiste

maroquinier → maroquinière

marqueteur → marqueteuse

masseur → masseuse

massicotier → massicotière

mathématicien → mathématicienne

médecin → médecin

médiateur → médiatrice

menuisier → menuisière

mercier → mercière

météorologiste → météorologiste

météorologue → météorologue

métreur → métreuse

metteur en scène → metteuse en scène

mime → mime (techniquement mimesse)

miroitier → miroitière

mixeur →mixeuse

modèle → modèle

modéliste → modéliste

modiste → modiste

moniteur → monitrice

motoriste → motoriste

muséographe → muséographe

musicien → musicienne

mycologue → mycologue

mytiliculteur → mytilicultrice

N

nacelliste → nacelliste

nageur → nageuse

narrateur → narratrice

naturaliste → naturaliste

naturopathe → naturopathe

navigateur → navigatrice

négociant → négociante

néphrologue → néphrologue

nettoyeur → nettoyeuse

neurochirurgien → neurochirurgienne

neurologue → neurologue

nivoculteur → nivocultrice

notaire → notaire (techniquement notairesse)

nourrice (uniquement féminin)

nutritionniste → nutritionniste

O

océanographe → océanographe

océanologue → océanologue

odontologiste → odontologiste

œnologue → œnologue

opérateur → opératrice

ophtalmologiste → ophtalmologiste

ophtalmologue → ophtalmologue

opticien → opticienne

optométriste → optométriste

ordonnateur → ordonnatrice

organiste → organiste

otorhinolaryngologiste → otorhinolaryngologiste

orientateur → orientatrice

ornithologue → ornithologue

orthésiste → orthésiste

orthopédiste → orthopédiste

orthophoniste → orthophoniste

orthoptiste → orthoptiste

ostéopathe → ostéopathe

ostréiculteur → ostréicultrice

ouvreur → ouvreuse

ouvrier → ouvrière

P

palefrenier → palefrenière

paléontologue → paléontologue

paoiste → paoiste

papetier → papetière

parasitologiste → parasitologiste

parfumeur → parfumeuse

parodontiste → parodontiste

parqueteur → parquetrice

passementier → passementière

passeur → passeuse

pasteur → pasteuresse

pathologiste → pathologiste

pâtissier → pâtissière

patron → patronne

patronnier → patronnière

patrouilleur → patrouilleuse

paysagiste → paysagiste

paysan → paysanne

péagiste → péagiste

pêcheur → pêcheuse

pédiatre → pédiatre

pédicure → pédicure

pédologue → pédologue

pédopsychiatre → pédopsychiatre

peintre → peintre (techniquement peintresse)

pépiniériste → pépiniériste

perchiste → perchiste

percussionniste → percussionniste

permanentiste → permanentiste

perruquier → perruquière

pharmacien → pharmacienne

philosophe → philosophe (techniquement philosophesse)

photocompositeur → photocompositrice

photographe → photographe (techniquement photographesse)

photograveur → photograveuse

photothécaire → photothécaire

physicien → physicienne

physiologiste → physiologiste

phytopathologiste → phytopathologiste

phytothérapeute → phytothérapeute

pianiste → pianiste

pigiste → pigiste

pilote → pilote (techniquement pilotesse)

pionnier → pionnière

pipier → pipière

pisciculteur → pisciculteur

piscinier → piscinière

pisteur → pisteuse

plafonnier → plafonnière

plagiste → plagiste

planificateur → planificatrice

plaquiste → plaquiste

plâtrier → plâtrière

plisseur → plisseuse

plombier → plombière

plongeur → plongeuse

plumassier → plumassière

pneumologue → pneumologue

poéte → poétesse

poissonnier → poissonnière

policier → policière

politologue → politologue

pomiculteur → pomicultrice

pompier → pompière

pompiste → pompiste

pontier → pontière

portier → portière

poseur → poseuse

posticheur → posticheuse

préfet → préfète (on évitera la terminaison "ette", suffixe pour exprimer "petit")

préparateur → préparatrice

présentateur → présentatrice

président → présidente

pressier → pressière

prestidigitateur → prestidigitatrice

prestateur → prestatrice

prêtre → prêtresse

prévisionniste → prévisionniste

primatologue → primatologue

primeur → primeuse

prince → princesse

procureur → procureuse

producteur → productrice

professeur → professeuse

professionel → professionelle

projectionniste → projectionniste

promoteur → promotrice

prospecteur → prospectrice

prostitué (uniquement féminin)

prothésiste → prothésiste

proviseur → proviseuse

proxénète → proxénète (techniquement proxénètesse)

psychanalyste → psychanalyste

psychiatre → psychiatre (techniquement psychiatresse)

psychologue → psychologue

psychomotricien → psychomotricienne

publicitaire → publicitaire (techniquement publicitairesse)

puériculteur → puéricultrice

Q

qualificateur → qualificatrice

qualiticien → qualiticienne

quincailler → quincaillère

R

rabatteur → rabatteuse

raccommodeur → raccommodeuse

raconteur → raconteuse

radariste → radariste

radiesthésiste → radiesthésiste

radioastronome → radioastronome

radioélectricien → radioélectricienne

radiologue → radiologue

radionavigant → radionaviguante

radiothérapeute → radiothérapeute

raffineur → raffineuse

ramasseur → ramasseuse

rameur → rameuse

ramoneur → ramoneuse

rançonneur → rançonneuse

râteleur → râteleuse

raucheur → raucheuse

ravageur → ravageuse

ravaleur → ravaleuse

ravaudeur → ravaudeuse

réactionnaire → réactionnaire

réalisateur → réalisatrice

rebouteux → rebouteuse

receleur → receleuse

recenseur → recenseuse

récepteur → réceptrice

réceptionniste → réceptionniste

récitant → récitante

réconciliateur → réconciliatrice

recrue (uniquement féminin)

recruteur → recruteuse

recteur → rectrice

rédacteur → rédactrice

rédempteur → rédemptrice

rééducateur → rééducatrice

référenceur → référenceuse

réformateur → réformatrice

régent → régente

régicide → régicide

régisseur → régisseuse

régleur → régleuse

régulateur → régulatrice

relecteur → relectrice

releveur → releveuse

relieur → relieuse

religieux → religieuse

rembourreur → rembourreuse

rémouleur → rémouleuse

rempailleur → rempailleuse

renégat → renégate

rénovateur → rénovatrice

réparateur → réparatrice

repasseur → repasseuse

répétiteur → répétitrice

représentant → représentante

responsable → responsable

restaurateur → restauratrice

retoucheur → retoucheuse

retraitant → retraitante

révérend → révérende

réviseur → réviseuse

rhabdomancier → rhabdomencière

rhabilleur → rhabilleuse

rhinologue → rhinologue

rhumatologue → rhumatologue

ribaud → ribaude

rimailleur → rimailleuse

rImeur → rimeuse

ripeur → ripeuse

risque-tout (uniquement masculin)

robeuse (y-a t-il un robeur?) (uniquement féminin)

robinetier → robinetière

roboticien → roboticienne

rocailleur → rocailleuse

roi →reine

rôtisseur → rôtisseuse

roturier → roturière

roublard → roublarde

rouleur → rouleuse

routier → routière

rudologue → rudologue

S

sabotier → sabotière

sage-femme (uniquement féminin)

saisonnier → saisonnière

salarié → salariée

salonnier → salonnière

salvateur → salvatrice

sanctifiant → sanctifiante

sapeur-pompier → sapeuse-pompière

saucier → saucière

saunier → saunière

sauveur → sauveuse

savetier → savetière

savonnier → savonnière

scaphandrier → scaphandrière

scélérat → scélérate

scénariste → scénariste

scénographe → scénographe

scénologue → scénologue

scientifique → scientifique

scripte → scripe (techniquement, scriptesse)

scripteur → scripteuse

scrutateur → scrutatrice

sculpteur → sculptrice

second → seconde

secouriste → secouriste

secrétaire → secrétaire (techniquement, secrétairesse)

séculier → séculière

seigneur → seigneresse

séismographe → séismographe

séismologue → séismologue

sélectionneur → sélectionneuse

sellier → sellière

semainier → semainière

sémiologue → sémiologue

sénateur → sénatrice

sériciculteur → séricicultrice

sérigraphe → sérigraphe

sérothérapeute → sérothérapeute

serrurier → serrurière

sertisseur → sertisseuse

serviteur → serviteuse

sexologue → sexologue

sidérurgiste → sidérurgiste

sigillographe → siggilographe

signaleur → signaleuse

signataire → signataire (techniquement signatairesse)

sinologue → sinologue

socio-esthéticien → socio-esthéticienne

sociologue → sociologue

soignant → soignante

soigneur → soigneuse

soldeur → soldeuse

solier → solière

soliste → soliste

sommelier → sommelière

sondeur → sondeuse

sonorisateur → sonorisatrice

sophrologue → sophrologue

soprano → soprano

sorbetier → sorbetière

sorcier → sorcière

soudard → soudarde (historiquement, uniquement masculin)

soudeur → soudeuse

souffleur → souffleuse

souffre-douleur → souffre-douleur

soufreur → soufreuse

soupier → soupière

sourcier → sourcière

sous-fifre (uniquement masculin)

sous-traitant → sous-traitante

souverain → souveraine

spationaute → spationaute

spécialiste → spécialiste

spectateur → spectatrice

spectrographologue → spectrographologue

spéléologue → spéléologue

sportif → sportive

staffeur → staffeuse

standardiste → standardiste

statisticien → statisticienne

stenciliste → stenciliste

sténodactylographe → sténodactylographe

sténographe → sténographe

sténotypiste → sténotypiste

steward → hôtesse de l'air

stomatologiste → stomatologiste

stratifieur → stratifieuse

stucateur → stucatrice

stylicien → stylicienne

styliste → styliste

stylisticien → stylisticienne

substitut → substitute

sultan → sultane

superviseur → superviseuse

surveillant → surveillante

suzerain → suzeraine

sylviculteur → sylvicultrice

syndicaliste → syndicaliste

syndicataire → syndicataire

T

tabacologue → tabacologue

tabletier → tabletière

tâcheron → tâcheronne

tacticien → tacticienne

taillandier → taillandière

tailleur →tailleuse

tanneur → tanneuse

tapissier →tapissière

tatoueur →tatoueuse

taupier → taupière

tavernier → tavernière

taxidermiste →taxidermiste

technicien → technicienne

technocrate → technocrate

technologue → technologue

teilleur → teilleuse

teinturier → teinturière

télégraphiste → télégraphiste

télémécanicien → télémécanicienne

télémétreur → télémétrique

télépathe → télépathe

téléphoniste → téléphoniste

tenancier → tenancière

ténor → ténor

terrassier → terrassière

terrien → terrienne

testateur → testateuse

testeur → testeuse

thalassothérapeute → thalassothérapeute

thanatopracteur → thanatopracteuse

théâtreux → théâtreuse (historiquement seulement féminin)

théologien → théologienne

théoricien → théoricienne

thérapeute → thérapeute

thermicien → thermicienne

timbalier → timbalière

timonier → timonière

tisserand → tisserande

toiletteur → toiletteuse

tôlier → tôlière

tonnelier → tonnelière

topographe → topographe

tourneur → tourneuse

toxicologue → toxicologue

tractiste → tractiste

traducteur → traductrice

trafiquant → trafiquante

tragédien → tragédienne

traiteur → traiteuse

traître → traîtresse

trameur → trameuse

transcripteur → transcripteuse

transitaire → transitaire

transporteur → transporteuse

trapéziste → trapéziste

trappeur → trappeuse

traumatologue → traumatologue

travailleur → travailleuse

travesti (uniquement masculin)

treillageur → treillageuse

trésorier → trésorière

tricheur → tricheuse

trieur → trieuse

tripier → tripière

tromboniste → tromboniste

trompettiste → trompettiste

tsar → tsarine

tueur → tueuse

tuteur → tutrice

tuyauteur → tuyauteuse

typographe → typographe

tyran → tyranesse

U

uranographe → uranographe

urbaniste → urbaniste

urgentiste → urgentiste

urologue → urologue

usurpateur → usurpatrice

V

vacher → vachère

vainqueur → vainqueuse

vannier → vannière

vaudevilliste → vaudevilliste

veilleur → veilleuse

veloutier → veloutière

vendangeur → vendangeuse

vengeur → vengeresse

ventriloque → ventriloque

vérificateur → vérificatrice

vernisseur → vernisseuse

versificateur → versificatrice

vicaire → vicairesse

vicomte → vicomtesse

violateur → violatrice

virologiste → virologiste

visagiste → visagiste

vivandier → vivandière

voiturier → voiturière

volailler → volaillère

voleur → voleuse

voltigeur → voltigeuse

W

wagonnier → wagonnière

X

xylographe → xylographe

xylophoniste → xylophoniste

Y

Z

zingueur → zingueuse

zoogéographe → zoogéographe

zoologiste → zoologiste

zootechnicien → zootechnicienne

MOTS ÉTRANGERS SOUVANT UTILISÉS:

Anglicisms

babysitter

barman (→ barmaid en anglais)

booker

cameraman

clown

coach

dealer

designer

jockey

lord → lady

manager

packager

perchman

relooker

shaper

skipper

story-boarder

reporter

speaker → speakrine

surfer

top model

trader

webdesigner

webmarketer

webmaster

yield manager

youtuber

D'origine Italienne

divo → diva

impressario

paparazzi

pizzaïoli

sbire

Les Grades Militaires
Je laisse le soin à l'armée de féminiser les grades de ses soldates les plus
méritantes dans le respect de la grammaire.

INDEX

Avant-Propos   03

Posologie   06

Grammaire

-      *Règles de féminisation des noms*   07

-      *Règles de féminisation des adjectifs*   10

Liste de tous les métiers, fonctions et autres 16

A   ...   p16   K   ...   p33   U   ...   p52

B   ...   p19   L   ...   p33   V   ...   p52

C   ...   p20   M   ...   p34   W   ...   p53

D   ...   p23   N   ...   p36   X   ...   p53

E   ...   p25   O   ...   p37   Y   ...   p53

F   ...   p27   P   ...   p38   Z   ...   p39

G   ...   p29   Q   ...   p42   Mots Étrangers   ...   p54

H   ...   p30   R   ...   p42   Les Grade Militaires ... p55

I   ...   p32   S   ...   p45

J   ...   p33   T   ...   p49